Jochen Straub | Armin Gissel

Im Schatten seiner Flügel

Einfache Engel-Gedanken

Butzon & Bercker

Engel – ein schweres Wort

Engel ist ein schweres Wort.
Das Wort kommt aus der lateinischen Sprache.
Es heißt dort:
Angelus.

Angelus bedeutet:
Bote von Gott.
Engel sind Boten von Gott.
Immer.

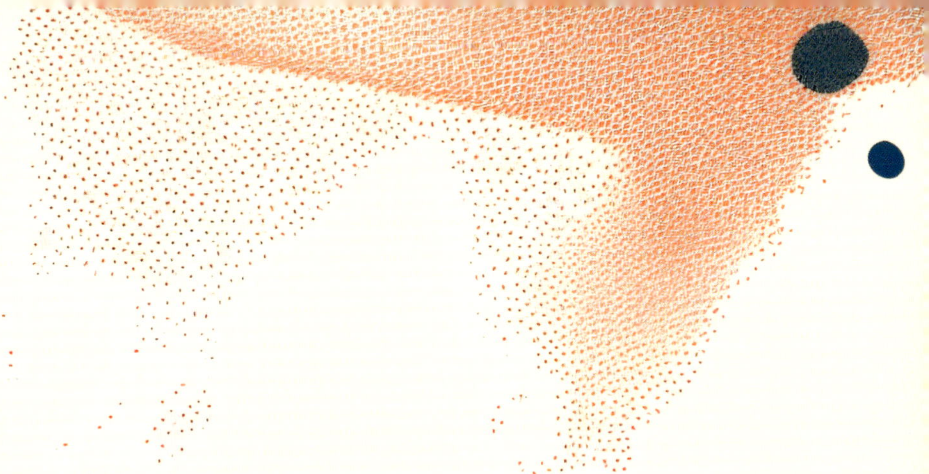

Boten bringen Nachrichten.
Engel bringen Nachrichten von Gott.

Engel sind verschieden.
Manchmal sehen sie aus wie du und ich.
Engel sind Boten von Gott.

Engel für mein Jahr

Ein neues Jahr beginnt.
Ich sage zu meinem Engel:
Mach es hell!
Dann bin ich sicher.
Ich sehe meinen Weg.

Mein Engel antwortet mir:
Hab keine Angst!
Gehe in die Dunkelheit.
Lege deine Hand in die Hand von Gott.

Ich weiß:
So bin ich sicher.
Ich kann auch dunkle Wege gehen.

Ich habe viele Engel

Viele Engel begleiten mich:

Heute.
Jeden Tag.

Ein Engel lacht mit mir.
Das ist mein Freuden-Engel.

Ein Engel weint mit mir.
Das ist mein Trauer-Engel.

Ein Engel singt mit mir.
Das ist mein Lobe-Engel.

Ein Engel hält mich sanft.
Das ist mein Trost-Engel.

Ein Engel ist nah bei mir.
Das ist mein Freundschafts-Engel.

Ein Engel schützt mich.
Das ist mein Schutz-Engel.

Hände

Er hat:
Hände wie du.
Ein Gesicht wie du.

Er schaut dich an.
Du erkennst ihn nicht.

Später merkst du:
Das kann ein Engel sein.

Engel sind bei dir

Gott schickt seine Engel in die Welt.
Er schickt seine Engel zu dir.

Seine Engel sind bei dir:
Wo du auch bist.
Wohin du auch gehst.

Seine Engel sind bei dir:
Sie tragen dich.
Sie beschützen dich.

Nach Psalm 91, Verse 11 und 12

Engel sind ganz anders

Was sind Engel?
Ich denke an Männer:
Mit weißen Kleidern.
Mit Flügeln.

Engel können ganz anders sein:
Ganz normal.
Ganz alltäglich.
Ganz gewohnt.

Engel:
Fallen auf.
Sind ganz anders.

Schutz-Engel

Ich wünsche dir einen Engel.
Er soll dich beschützen.
Er soll über dir wachen.

Heute.
Immer.

Freunde

Echte Freunde.
Das sind:
Engel ohne Flügel.

Dich schickt der Himmel

Du.

Du bist da:

Jetzt.

Hier.

Bei mir.

Für mich.

Mein Engel.

Dich schickt der Himmel.

Der fremde Engel

Du bist ein Mensch.
Noch kenne ich dich nicht.
Ich lasse mich auf dich ein.
Vielleicht steckt in dir ein Engel.

Engel ohne Flügel haben Namen

Engel ohne Flügel haben Namen:

Mama.
Papa.
Franziska.
Paul.
Du.

Weg-Engel

Gott sagt:
Ich schicke dir einen Engel.
Der Engel geht vor dir.
Er macht den Weg für dich frei.

Nach dem Buch Maleachi, Kapitel 3, Vers 1

Garten-Engel

Jeder Mensch sieht:
Du bist ein Engel.

Dein Körper ist ein Stamm aus Holz.
Deine Flügel sind aus Metall.
Dein Kopf ist eine Kugel.

So stehst du in meinem Garten:
Bei jedem Wetter.
Bei Tag und Nacht.

Ich sehe dich jeden Tag.
Du erinnerst mich an meinen Engel.

Mein Engel ist bei mir:
Bei jedem Wetter.
Bei Tag und Nacht.

Gast-Freundschaft

In der Bibel steht:
Seid gast-freundlich!

Immer!

So haben Menschen
Engel aufgenommen.
Die Engel waren ihre Gäste.
Das haben die Menschen
erst viel später bemerkt.

Nach dem Brief an die Hebräer, Kapitel 13, Vers 2

Mein Holz-Engel

In meiner Tasche ist ein kleiner Holz-Engel.
Ich habe ihn immer bei mir.

Der Engel fühlt sich gut an.
Ich nehme den Engel gerne in meine Hand.
Er nimmt meine Aufregung in sich auf:
Meine Angst.
Meine Trauer.
Meine Freude.
Mein Glück.

Er hat mir oft geholfen.

Der Engel in meiner Hand.

Licht von Gott

Die Weihnachts-Geschichte erzählt:
Ein Engel von Gott tritt zu den Hirten.

Hat ein Engel Füße?
Darauf kommt es nicht an.

Die Weihnachts-Geschichte erzählt weiter:
Das Licht von Gott leuchtet um die Hirten.

Alles wird den Hirten klar und deutlich.
Ihnen geht ein Licht auf.

Der Engel bringt ihnen mit diesem Licht:
Klarheit.
Orientierung.

Die Hirten wissen jetzt:
So geht es
in unserem Leben weiter.

Maria

Der Engel Gabriel sagt zu Maria:

Du bekommst ein Kind.
Gib dem Kind den Namen Jesus.
Dein Kind ist der Sohn von Gott.

Maria erschrickt über die Worte von dem Engel.

Sie kann es nicht glauben:
Ich soll den Sohn von Gott auf die Welt bringen?
Ich verstehe das nicht.

Maria erholt sich von diesem Schrecken.
Sie läuft nicht weg.
Sie vertraut dem Engel.

Sie sagt:

Ja.

Maria weiß:

Gott hilft mir.

Der Hab-keine-Angst-Engel

Manchmal denke ich:
Es müsste öfter Weihnachten sein.

Es muss dringend ein Engel von Gott kommen.
Er berührt uns.
Er lässt uns spüren:
Wir müssen keine Angst haben.
Wir dürfen das Leben annehmen.

Der Engel sagt uns:
Gott schickt mich.
Gott hilft euch.

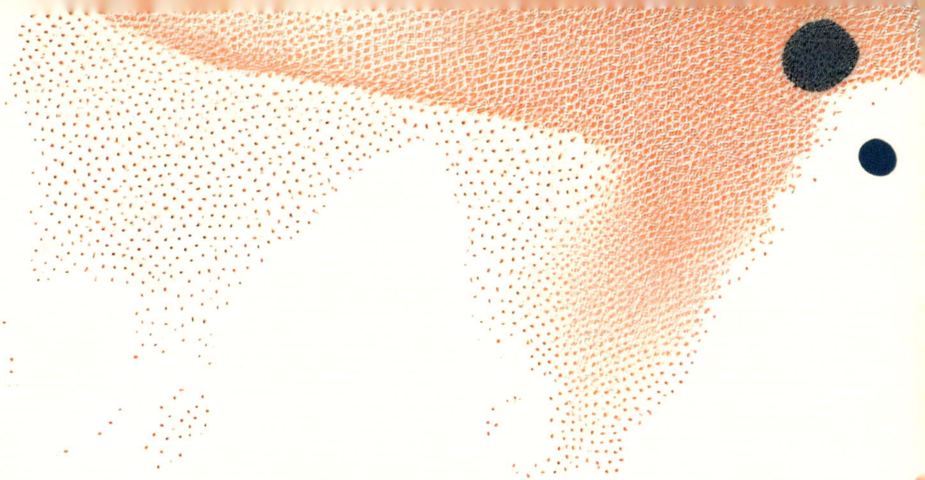

An Weihnachten streckt
der Engel seine Hand aus.

Er rührt uns an.
Er sagt im Namen von Gott:
Euch ist Jesus geboren.
Jesus rettet euch.
Die Liebe ist da.

Sternenhimmel

Ein Mädchen schaut mit ihrem Opa
in den Sternenhimmel.

Das Mädchen fragt:
Warum leuchten die Sterne so hell?

Der Opa antwortet:
Bei Gott im Himmel sind viele Engel.

Gott hat zu den Engeln gesagt:
Macht Löcher in den Boden vom Himmel.
Nehmt kleine Nadeln dazu.
So fällt ein wenig Licht von mir auf die Erde.

Das Mädchen sagt:
Das hat Gott gut gemacht.
Wenn die Löcher nur größer wären!

Illustrationen: Engel: © Franziska Frey; Sonne, Kreis (gelb/blau): © Merlino – stock.adobe.com; Kreise (orange): © Tata Che – stock.adobe.com; Blumen: © CHURIN – stock.adobe.com; farbige Flächen: © Caelestiss – stock.adobe.com, © Rawpixel.com, © one_grapich – stock.adobe.com

Bibliografische Information der Deutschen Nationalbibliothek

Die Deutsche Nationalbibliothek verzeichnet diese Publikation in der Deutschen Nationalbibliografie; detaillierte bibliografische Daten sind im Internet über http://dnb.d-nb.de abrufbar.

Das Gesamtprogramm von Butzon & Bercker finden Sie im Internet unter **www.bube.de**

MIX
Papier | Fördert gute Waldnutzung
FSC® C020056

ISBN 978-3-7666-3813-7

Umschlaggestaltung: Nicole Weidner, Kevelaer
Layout und Satz: Werner Dennesen, Weeze